Bibliografische Information der Deutschen Nationalbibliothek:

Die Deutsche Bibliothek verzeichnet diese Publikation in der Deutschen National-
bibliografie; detaillierte bibliografische Daten sind im Internet über http://dnb.d-
nb.de/ abrufbar.

Impressum:

Copyright © 2010 GRIN Verlag
Druck und Bindung: Books on Demand GmbH, Norderstedt Germany
ISBN: 9783640991235

Dieses Buch bei GRIN:

https://www.grin.com/document/177433

Marc Schröder

Datenschutz im Bankgeschäft

GRIN Verlag

GRIN - Your knowledge has value

Der GRIN Verlag publiziert seit 1998 wissenschaftliche Arbeiten von Studenten, Hochschullehrern und anderen Akademikern als eBook und gedrucktes Buch. Die Verlagswebsite www.grin.com ist die ideale Plattform zur Veröffentlichung von Hausarbeiten, Abschlussarbeiten, wissenschaftlichen Aufsätzen, Dissertationen und Fachbüchern.

Besuchen Sie uns im Internet:

http://www.grin.com/

http://www.facebook.com/grincom

http://www.twitter.com/grin_com

Hausarbeit

zum Thema

Datenschutz im Bankgeschäft

Sommersemester 2010

Hochschule Wismar

Master-Studiengang Wirtschaftsrecht `09

Modul: Bankrecht

Eingereicht von:

Marc Schröder

Wismar, den 01.09.2010

Inhaltsverzeichnis

Abkürzungsverzeichnis

AO	Abgabenordnung
BaFin	Bundesanstalt für Finanzdienstleistungsaufsicht
Begr.	Begründer
BGB	Bürgerliches Gesetzbuch
bspw.	beispielsweise
d.h.	das heißt
et al.	et alii (und andere)
EU	Europäische Union
ff.	fort folgende
gem.	gemäß
grds	grundsätzlich
h.M.	herrschende Meinung
HR	Handelsregister
Hrsg.	Herausgeber
inkl.	inklusive
i.S.d.	im Sinne des
i.V.m.	in Verbindung mit
KWG	Kreditwesengesetz
lt.	laut
m.w.N.	mit weiteren Nachweisen
o. S.	ohne Seite
o.V.	ohne Verfasser
Rn.	Randnummer
s.	siehe
SCHUFA	Schutzgemeinschaft für allgemeine Kreditsicherung
sog.	sogenannte
SWIFT	Society for Worldwide Interbank Financial Telecommunication
USA	United States of America
uvm.	und viele mehr
vgl.	vergleiche
z.B.	zum Beispiel

Abbildungsverzeichnis

1. Einleitung

In der jüngeren Vergangenheit rückte der Begriff Datenschutz immer mehr in den Fokus des öffentlichen Bewusstseins. Vor allem Kreditinstitute befinden sich durch ihren täglichen Umgang mit höchst sensiblen Informationen oftmals im Kreuzfeuer der Kritik. Deutlich mag dies vielleicht durch den Fall des Unternehmers Leo Kirch werden, der in einer öffentlichen Äußerung des damaligen Vorstandssprechers der Deutschen Bank, Rolf Breuer, einen Bruch des Bankgeheimnisses sieht.[1] Ferner ist zu betrachten, dass der Ausschluss von Bankgeschäften im modernen Wirtschaftsleben für Unternehmen, aber auch für Privatleute unmöglich erscheint. Somit besteht ein innerer Zwang für die Bevölkerung über eine Bankverbindung zu verfügen und damit persönliche Informationen zumindest an ein Kreditinstitut zu übermitteln. Unter den Bedingungen der modernen Datenverarbeitung wird der Schutz des Einzelnen gegen unbegrenzte Erhebung, Speicherung, Verwendung und Weitergabe seiner persönlichen Daten von dem allgemeinen Persönlichkeitsrecht des Artikel 2 Abs. 1 i.V.m. Artikel 1 Abs. 1 Grundgesetz erfasst. Das Grundrecht gewährleistet insoweit die Befugnis des Einzelnen grundsätzlich selbst über die Preisgabe und Verwendung seiner persönlichen Daten zu bestimmen.[2] Dem Schutz privater Daten wird eine hohe Bedeutung zugemessen. Die Angst der Bürger vor Bekanntheit ihrer Daten scheint in Deutschland weit verbreitet. Gleichzeitig aber werden im Internet aus freien Stücken persönliche Daten massenweise veröffentlicht. Hiervon ist auch das originäre Geschäftsfeld der Banken betroffen.[3]

Diese Hausarbeit will klären, in welchem Spannungsfeld aus Datenschutz und Datennutzung sich Kreditinstitute heute bewegen. Dabei werden wichtige Bestimmungen des Bundesdatenschutzgesetzes ebenso beleuchtet, wie Regelungen des Geldwäsche- und Kreditwesengesetzes. Zu Beginn wird zuerst einmal ein Überblick gegeben, welche Kundendaten im Bankgeschäft überhaupt als sensibel oder vertraulich eingestuft werden müssen. Danach widmet sich ein Abschnitt dem Bankgeheimnis und ausgewählten Ausnahmen hiervon, namentlich der sog. SCHUFA-Klausel und Bankauskünften. Ebenso wird kurz auf die Möglichkeit des automatisierten Abrufs von Kontendaten durch die Bundesanstalt für Finanzdienstleistungsaufsicht eingegangen, bevor die Datenübermittlung an Auskunfteien und darauf folgend die Anwendung des Bundesdatenschutzgesetzes auf Bankgeschäfte thematisiert wird. Anschließend finden auch noch datenschutzrechtlich relevante Regelungen des Geldwäschegesetzes ebenso ihren Platz, wie das SWIFT-Abkommen. Diese Arbeit schließt mit einer Zusammenfassung der Ergebnisse ab.

---

[1] Vgl. u.a. *o.V.*, Kirch scheitert mit Klage, o.S., Internetquelle.
[2] Vgl. BVerfG v. 15.12.1983 - 1 BvR 209/83.
[3] Vgl. http://www.auxmoney.de - Diese Homepage ermöglicht Menschen private Darlehen außerhalb der Bestimmungen des KWG und der Bankenorganisation aufzunehmen. Allerdings werden dabei die öffentlichen Profile der Nutzer und deren Anliegen bzgl. einer Kreditanfrage für jedermann zugänglich.

2. Sensible Kundendaten im Bankgeschäft

Das moderne Bankgeschäft basiert auf Kundeninformationen. Selektive Kundenansprache verbessert bspw. die Erfolge beim Cross-Selling erheblich. Selektionen gewinnen dabei mit jedem zusätzlichen Datensatz an Genauigkeit. Kreditinstitute verfügen über höchst sensible persönliche Daten von jedem ihrer Kunden. Der Aussagegehalt dieser Datensätze differiert allerdings stark. Teils sind die Angaben veraltet auf Grund einer „eingeschlafenen" Kundenbeziehung, teils aber auch hochaktuell auf Grund einer Kontoneueröffnung. Die Datenbanken können z.b. Informationen über den Familienstand, den Arbeitgeber und die Art der Anstellung, die Adresse, diverse Telefonnummern und Emailadressen uvm. enthalten. Kreditinstitute verfügen über diese Daten oftmals auf Grund gesetzlicher Bestimmungen. Diese machen z.b. eine genaue Identifizierung des Kontoinhabers nötig („Niemand darf auf einen falschen oder erdichteten Namen für sich oder einen Dritten ein Konto errichten [...]" - § 154 AO [4]).

Es sind weitere Datensätze vorhanden, deren Sensibilität nicht jedem Kunden sofort klar sein wird. Informationen über die monatlichen Gehaltseingänge, über jährliche Steuererstattungen, Unterhaltszahlungen etc. lassen ein genaues Abbild eines zivilisierten Lebens entstehen. Auch Informationen zum Einkaufsverhalten sind den Banken über Kreditkartenabrechnungen bekannt und wären bspw. für Handelsunternehmen von großer Bedeutung. Diese Daten existieren also vor allem in der Einflusssphäre der Kreditinstitute – während der Kontoführung. Fraglich ist, ob und wie solcherlei Datensätze verwandt werden, um evtl. gezielte Kundenansprachen in Bezug auf bestimmte Bankprodukte durchzuführen. Auch von Kunden nicht für sensibel gehaltene Informationen, wie z.B. die Zuordnung zur Berufsgruppe der Selbstständigen, sind für Kreditinstitute und deren Datenbankführer von großer Bedeutung.

Viele der vorgenannten Kundendaten werden zentral gespeichert, archiviert und für verschiedene bankinterne oder bankexterne Zwecke verwandt. In allen bei Kreditinstituten denkbaren Datensätzen sind entgegen einer in der Literatur vertretenen, aber hinlänglich veralteten Auffassung[5] auch solche Angelegenheiten enthalten, welche die Intimsphäre betreffen. Die Bank-Kunde-Beziehung lässt sich nicht nur auf eine vermögensrechtliche und wirtschaftliche Natur beschränken. Fraglich ist daher welche gesetzlichen oder vertraglichen Grundlagen Kreditinstitute zu einem solchen Vorgehen ermächtigen und wie weit eine etwaige Ermächtigung überhaupt reicht. In diesem Zusammenhang muss weiter die Frage geklärt werden in welcher Weise Banken dazu verpflichtet sind sensible Kundendaten vor dem Zugriff Dritter zu schützen. Ferner ist von großer Bedeutung, ob im Zuge des Datenschutzes

---

[4] Abgabenordnung in der Fassung der Bekanntmachung vom 1. Oktober 2002 (BGBl. I S. 3866; 2003 I S. 61), die zuletzt durch Artikel 2 des Gesetzes vom 30. Juli 2009 (BGBl. I S. 2474) geändert worden ist.
[5] Vgl. u.a. *Canaris*, Bankvertragsrecht, Rn. 36 ff.

bestimmte Informationen von den Kreditinstituten für ihre eigenen Zwecke überhaupt verwendet werden dürfen. Die folgenden Kapitel sollen hierüber Aufschluss geben.

3. Das Bankgeheimnis

In der vorrangegangenen Darstellung hat sich gezeigt, dass die gesamte Geschäftsbeziehung zwischen Kunde und Kreditinstitut schützenswerte Informationen beinhaltet. Der bekannteste Begriff zum Thema Datenschutz ist in diesem Zusammenhang das sog. Bankgeheimnis. Entgegen der langläufigen Meinung der deutschen Bevölkerung und im Gegensatz zum Verfahren in Nachbarländern wie Österreich findet dieses seinen Ursprung nicht in einem Gesetzeswerk. Vielmehr leitet es sich als eine Nebenpflicht aus den vertraglichen Einzelbeziehungen zwischen Kunde und Bank ab.[6] Die bankgeschäftliche Beziehung zwischen beiden Parteien ist dabei durch ein gegenseitiges Vertrauensverhältnis gekennzeichnet, welches sich auf Bankseite in der Verpflichtung zur Wahrung des Bankgeheimnisses äußert.[7] Dabei verfügt das Bankgeheimnis als solches über eine lange Tradition in Deutschland und ist bereits bei der Gründung der Hamburger Bank im Jahre 1619 in den allgemeinen Geschäftsbedingungen festgelegt worden[8], wenn auch nicht unter der heute geläufigen Bezeichnung. Bezugnehmend auf den Titel dieser Arbeit wird außerdem vertreten, dass das Bankgeheimnis aus datenschutzrechtlicher Sicht besonders zu berücksichtigen ist.[9]

Seit 1993 ist das Bankgeheimnis in den AGB der Banken unter Nr. 2 Abs. 1 Satz 1 ausdrücklich geregelt: „Die Bank ist zur Verschwiegenheit über alle kundenbezogenen Tatsachen und Wertungen verpflichtet, von denen sie Kenntnis erlangt (Bankgeheimnis)."[10] Informationen dürfen nach Satz 2 nur weitergegeben werden, wenn gesetzliche Regelungen dieses vorschreiben oder aber der Kunde in die Weitergabe einwilligt (vgl. auch *3.1 SCHUFA*). Man unterscheidet somit die Verschwiegenheitspflicht und das Auskunftsverweigerungsrecht. Hierbei beinhaltet die Verschwiegenheitspflicht die Verpflichtung des Kreditinstitutes zum Stillschweigen über Vermögens- oder sonstige Verhältnisse des Kunden, von denen sie Kenntnis erlangt. Das Auskunftsverweigerungsrecht dagegen berechtigt die Bank Dritten gegenüber Auskünfte zu verweigern, wenn nicht eine entgegenstehende Verpflichtung kraft Gesetzes besteht, eine Einwilligung des Kunden existiert oder eine anderweitige Befugnis zur Auskunftserteilung vorliegt.[11]

---

[6] Vgl. **Nitsch**, Bankrecht für Betriebswirte und Wirtschaftsjuristen, S. 30.
[7] Vgl. **Beckhusen** in **Derleder/Knops et al.**, Bankrecht, § 6 Rn. 1 (m.w.N.).
[8] Vgl. **Beckhusen** in **Derleder/Knops et al.**, Bankrecht, § 6 Rn. 2 (m.w.N.).
[9] Vgl. **Rudolf/Kötterheinrich** in **Derleder/Knops et al.**, Bankrecht, § 5 Rn. 2 (m.w.N.).
[10] **o.V.**, AGB der Santander Consumer Bank 1/2009, S.1, Internetquelle.
[11] Vgl. **Beckhusen** in **Derleder/Knops et al.**, Bankrecht, § 6 Rn. 11 (m.w.N.).

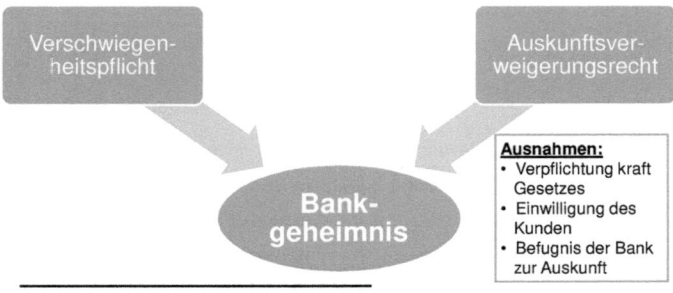

Abbildung 1: Erscheinungsformen des Bankgeheimnisses
Quelle: Eigene Darstellung in Anlehnung an **Beckhusen** in **Derleder/Knops et al.**,
Bankrecht, § 6 Rn. 11 (m.w.N.).

Allgemein gilt, dass die Geschäftsbeziehung zwischen Kreditinstitut und Kunde einem besonderen Vertrauensverhältnis unterliegt, da täglich Einblicke in die persönliche Sphäre, bestehend aus wirtschaftlicher, persönlicher und finanzieller Lage, gewährt werden. Aus der Vertraulichkeit der Daten leitet sich auch die Erwartungshaltung der Kundschaft in Hinblick auf Verschwiegenheit ab. Diese bedarf dabei keiner weiteren, ausdrücklichen Vereinbarung.[12] Die Verschwiegenheitspflicht besteht sogar, wenn keine vertraglichen Beziehungen zustande gekommen sind. Dieses könnte bspw. bei einem ablehnenden Votum bzgl. eines Kreditantrags, für den im Vorfeld hoch sensible Geschäftsunterlagen vorgelegt werden mussten, der Fall sein.[13] Zusammengefasst unterliegen dem Bankgeheimnis also „grundsätzlich alle kundenbezogenen Tatsachen und Wertungen, von denen die Bank Kenntnis erlangt".[14] Somit wird auch klar, dass nicht nur Faktenwissen wie aktuelle Kontostände, sondern bspw. auch Bewertungen des aktuellen und zukünftigen Zahlungsverhaltens unter die Verschwiegenheitspflicht fallen. Richtigerweise erstreckt sich das Bankgeheimnis nicht nur auf geschäftliche Vorgänge und Zusammenhänge, sondern auf die privaten Verhältnisse der Kundschaft.[15] Beispielhaft seien hier die Familienverhältnisse genannt, von denen ein Kundenberater in der Regel sehr schnell und umfassend Kenntnis erlangt. Die Geheimhaltungspflicht überdauert sogar die originäre Geschäftsbeziehung zwischen Kunde und Kreditinstitut. Sie reicht vom Stadium der Geschäftsanbahnung und endet nicht automatisch mit dem Tod des Kunden, da im Erbfall die Erben bzw. die Erbengemeinschaft zu Geheimnisherren werden.[16]

Die AGB der Banken enthalten aber gleichzeitig in Nr. 2 Abs. 1 Satz 2 Schranken des Bankgeheimnisses, welche die Weitergabe von Informationen in Ausnahmefällen möglich machen. Hierzu können gehören: Ein Gebot durch eine gesetzliche Bestimmung Informationen

---

[12] Vgl. **Beckhusen** in **Derleder/Knops et al.**, Bankrecht, § 6 Rn. 7.
[13] Vgl. **Beckhusen** in **Derleder/Knops et al.**, Bankrecht, § 6 Rn. 8 (m.w.N.).
[14] **Beckhusen** in **Derleder/Knops et al.**, Bankrecht, § 6 Rn. 12 (m.w.N.).
[15] Vgl. **Beckhusen** in **Derleder/Knops et al.**, Bankrecht, § 6 Rn. 14 (m.w.N.).
[16] Vgl. **Beckhusen** in **Derleder/Knops et al.**, Bankrecht, § 6 Rn. 26 (m.w.N.).

über Kunden mitzuteilen; die explizite Einwilligung des Kunden zur Datenweitergabe; die Befugnis der Bank zur Erteilung einer Bankauskunft. In Zivilprozessen besitzen Kreditinstitute ein Auskunftsverweigerungsrecht i.S.d. §§ 383 Abs. 1 Nr. 6 und Abs. 3 sowie § 384 Nr. 3 ZPO[17], da es sich beim Bankgeheimnis um ein Berufsgeheimnis handelt. Gegenüber Strafverfolgungsbehörden dagegen besteht eine Pflicht zur Aussage.[18]

Nach Nr. 2 Abs. 1 Satz 2 der Banken-AGB kann der Kunde als Geheimnisherr über Bekanntgabe oder Geheimhaltung der ihn betreffenden Tatsachen und Wertungen frei entscheiden. Es ist ihm also möglich in die Datenweitergabe einzuwilligen in Form einer bewussten Willenserklärung i.S.d. § 183 BGB[19]. Im weiteren Verlauf dieser Arbeit wird zu diesem Thema die SCHUFA (Schutzgemeinschaft für die allgemeine Kreditsicherung) und deren Relevanz kurz erläutert; zur Thematik der Durchbrechung des Bankgeheimnisses auf Grund der Befugnis zur Bankauskunft werden ebenfalls Informationen an anderer Stelle (s. *3.1 SCHUFA* und *3.2 Bankauskünfte*) gegeben. Ferner ist zu beachten, dass nach neuer Rechtsprechung des BGH[20] bspw. eine Forderungsabtretung bei gleichzeitiger Verletzung des Bankgeheimnisses im Außenverhältnis weiter wirksam bleibt. Eine rechtswidrige Durchbrechung des Bankgeheimnisses hindert hier also nicht die Wirksamkeit von Forderungsverkäufen durch Sparkassen und private Geldinstitute.[21]

Für Kreditinstitute und deren Angestellte sind die denkbaren Rechtsfolgen bei Verstößen gegen das Bankgeheimnis relevant. Dabei ist das „Recht auf Wahrung des Bankgeheimnisses […] verletzt, wenn das Kreditinstitut die durch einen Kunden anvertrauten Tatsachen ohne Vorliegen einer Berechtigung an Dritte weitergibt."[22] Da wie zuvor bereits festgestellt vermutet wird, dass Kunden grundsätzlich alle der Bank über sie bekannten Tatsachen geheim halten möchten, ist keine Exkulpation dahingehend möglich, dass der Geheimhaltungswille für das Kreditinstitut nicht ersichtlich gewesen ist. Denkbare Ansprüche der von unberechtigten Datenweitergaben betroffenen Kundschaft ergeben sich vor allem aus den Schadenersatznormen § 280 BGB (bei Verschulden gem. § 276 BGB), § 823 Abs. 1 BGB und § 823 Abs. 2 BGB i.V.m. einer Schutzgesetz; hier könnte das Bundesdatenschutzgesetz in Betracht kommen.[23] Auch Ansprüche aus § 826 BGB wegen einer sittenwidrigen vorsätzlichen Schädigung sind denkbar, werden auf Grund der hohen Hürden durch die Tatbe-

---

[17] Zivilprozessordnung in der Fassung der Bekanntmachung vom 5. Dezember 2005 (BGBl. I S. 3202; 2006 I S. 431; 2007 I S. 1781), die zuletzt durch Artikel 3 des Gesetzes vom 24. September 2009 (BGBl. I S. 3145) geändert worden ist.
[18] Zur weiteren Vertiefung vgl. *Beckhusen* in **Derleder/Knops et al.**, Bankrecht, § 6 Rn. 28-54 (m.w.N.).
[19] Bürgerliches Gesetzbuch in der Fassung der Bekanntmachung vom 2. Januar 2002 (BGBl. I S. 42, 2909; 2003 I S. 738), das zuletzt durch Artikel 1 des Gesetzes vom 24. Juli 2010 (BGBl I S. 977) geändert worden ist.
[20] BGH v. 27.02.2007 - XI ZR 195/05, NJW 2007, 2106 (2106).
[21] Vgl. *Keßler/Herzberg*, Vertragliche Neben- und Schutzpflichten beim Darlehensvertrag, BB 2009, 1145 (1145).
[22] *Beckhusen* in **Derleder/Knops et al.**, Bankrecht, § 6 Rn. 62.
[23] Vgl. *Beckhusen* in **Derleder/Knops et al.**, Bankrecht, § 6 Rn. 62 (m.w.N.).

standsvoraussetzung des Vorsatzes, welche Banken oder deren Mitarbeiter erfüllen müssten, nicht die Regel sein.

Zusammengefasst lässt sich sagen, dass das Bankgeheimnis somit den ersten und vordersten Schutz für persönliche Informationen der Kundschaft darstellt, die dem Kreditinstitut zur Erfüllung gesetzlicher Auflagen oder wegen interner Erfordernisse überlassen worden sind. Allerdings muss die Frage gestellt werden, inwiefern die Bedeutung des Bankgeheimnisses bankintern noch gegeben ist. In der Praxis werden mit großer Wahrscheinlichkeit trotz des Verbots der Weitergabe von Kundengeheimnissen z.B. aktuelle Kontobewegungen dazu benutzt Ansätze für ein Cross-Selling in Bezug auf Produkte der Verbundpartner zu finden. Unter Umständen werden diesen Vertriebspartnern sogar entsprechende Informationen geliefert. Hier seien beispielhaft Altersvorsorge- oder Bausparanbieter genannt. Dass dieses Vorgehen in der Konsequenz einen Verstoß gegen das Bankgeheimnis darstellt, auf Grund der Beweislage allerdings nicht zu ahnden sein wird, ist wohl ein Teil der bankrechtlichen Realität.

3.1 SCHUFA

Einen besonderen Fall der ausdrücklichen Einwilligung des Kunden zur Weitergabe seiner Daten stellt das Kreditinformationssystem der SCHUFA dar. Im Rahmen des Verfahrens zur Sammlung und Aufbereitung von durch die Vertragspartner gemeldeten Kundeninformationen werden inhaltlich genau festgelegte Datensätze gemeldet und zur Verfügung aller angeschlossenen Teilnehmer zentral gespeichert. Vertragspartner sind u.a. Kreditinstitute, Waren- und Kaufhäuser sowie Telekommunikationsanbieter. An das System angeschlossene Partner können nun vor einer Kreditentscheidung und damit verbundenem Risiko über den betreffenden Kunden zuvor gemeldete Informationen abrufen und anhand dieser eine erste Kreditwürdigkeitsprüfung vornehmen.[24] Im System enthaltene Informationen können u.a. sein: Aktuelle und frühere Adressen, Anzahl der Kreditkarten inkl. Kreditrahmen, Anzahl der Bankverbindungen sowie deren kontoführende Stellen.

Die Einwilligung erfolgte bis zum 01.04.2010 ausschließlich auf Basis der in Kreditanträgen oder Kontoeröffnungsunterlagen enthaltenen sog. SCHUFA-Klausel. Hiermit gewährt der Kunde auf der einen Seite die Befreiung des Kreditinstitutes vom Bankgeheimnis. Auf der anderen Seite wurde damit auch die ausdrückliche Einwilligung zur Datenweitergabe an Dritte gem. § 4 Abs. 1 Bundesdatenschutzgesetz (BDSG[25]) erteilt.[26] In diesem Zusammenhang muss somit deutlich werden, dass Kunden in der Praxis der Weitergabe ihrer Daten und der

---

[24] Vgl. **Beckhusen** in **Derleder/Knops et al.**, Bankrecht, § 6 Rn. 57 (m.w.N.).
[25] Bundesdatenschutzgesetz in der Fassung der Bekanntmachung vom 14. Januar 2003 (BGBl. I S. 66), das zuletzt durch Artikel 1 des Gesetzes vom 14. August 2009 (BGBl. I S. 2814) geändert worden ist.
[26] Zur Diskussion über die gesetzliche Implementierung eines speziellen Erlaubnistatbestandes in das Bundesdatenschutzgesetz bzgl. der Übermittlung personenbezogener Daten vgl. *5. Datenübermittlung an Auskunfteien.*

Befreiung vom Bankgeheimnis zugestimmt haben, wenn sie einer Kontoeröffnungsantrag unterzeichnen. Zwar wurden sie ausdrücklich hierauf hingewiesen. Eine Kontoeröffnung ohne Anerkennung der SCHUFA-Klausel bzw. eine Meldung des Kreditinstitutes an die entsprechende Datenbank ist allerdings nur in Ausnahmefällen bei sog. Guthabenkonten möglich. Hier besteht kein kreditorisches Risiko für das Geldinstitut. Somit konnte in Bezug auf die SCHUFA-Klausel von einem Zwang gesprochen werden diese zu unterzeichnen, da in der heutigen Gesellschaft durchaus ein wirtschaftlicher Druck zum Führen eines Girokontos besteht. Die neuerdings in diesem Zusammenhang zur Anwendung kommende Regelung des § 28a Abs. 2 Satz 1 BDSG wird unter *5. Datenübermittlung an Auskunfteien* thematisiert. Die aktuelle geltende Fassung der SCHUFA-Klausel nimmt insofern nur noch Bezug auf eine sowieso geltende, gesetzliche Regelung.

3.2 Bankauskünfte

Eine Ausnahme vom Bankgeheimnis kann auch die Befugnis der Bank zur Auskunft darstellen. Die Grundlage für Bankauskünfte bildet Nr. 2 Abs. 2 bis 4 der Banken-AGB. Danach enthält die Bankauskunft nur „allgemein gehaltene Feststellungen und Bemerkungen über die wirtschaftlichen Verhältnisse des Kunden, seine Kreditwürdigkeit und Zahlungsfähigkeit [...]"[27]. Spezifische Angaben zu aktuellen Kontoständen oder Kreditrahmen werden dabei nicht gemacht. Eine Bankauskunft zeichnet sich dadurch aus, dass diese nur an eigene Kunden oder an andere Kreditinstitute für deren Zwecke oder Zwecke ihrer Kunden erteilt wird (Nr. 2 Abs. 4 Banken-AGB).

Im Allgemeinen zielt eine Bankauskunft hauptsächlich in zwei Richtungen: Auf der einen Seite kann sich bspw. für einen Kaufmann ein neuer Kundenkontakt ergeben. Dieser Kunde möchte eine erste Einschätzung der wirtschaftlichen Verhältnisse seines neuen Geschäftspartners tätigen, um etwaige zukünftige Geschäfte abzusichern. Dieses gelingt ihm im Rahmen einer Bankauskunft durch die zur Verfügung gestellten Informationen, allerdings nur in eingeschränktem Umfang. Die andere Seite betrifft Banken selbst, für die sich ein neuer Geschäftskontakt anbahnt. Aus diesem Grund wird eine Anfrage zur Bankauskunft an das oder die bisherigen kontoführenden Institute gesandt, um so zu einer Einschätzung über die Zahlungsfähigkeit und Kreditwürdigkeit des Neukunden zu gelangen. Sicherlich ist der Informationsgehalt auf Grund der verklausulierten Formulierungen in Bankauskünften eingeschränkt. Trotzdem gehört in vielen Kreditinstituten und für viele Kaufleute die Einholung einer solchen Auskunft bei Anbahnung einer neuen Geschäftsverbindung zum Standardprocedere.

Zwei Fallkonstellationen müssen in den AGB unterschieden werden. Auf der einen Seite stehen die im Handelsregister eingetragenen Kaufleute und die juristischen Personen. Betrifft eine Anfrage ihre geschäftliche Tätigkeit, so wird eine Bankauskunft erteilt. Allerdings ist es

---

[27] *o.V.*, AGB der Santander Consumer Bank 11/2009, S.1, Internetquelle.

ihnen möglich der automatischen Auskunftserteilung für die Zukunft zu widersprechen. Problematisch kann an dieser Stelle aber das Bild sein, welches sich durch eine Verweigerung der Mitteilung allgemeiner Informationen zum Zahlungsverhalten beim Geschäftspartner ergibt. Es ließen sich Rückschlüsse auf eine mangelnde Zahlungsfähigkeit oder anderweitige wirtschaftliche Schwierigkeiten ziehen. Alle anderen Kunden dagegen müssen einer Bankauskunft im Vorfeld ausdrücklich zustimmen.

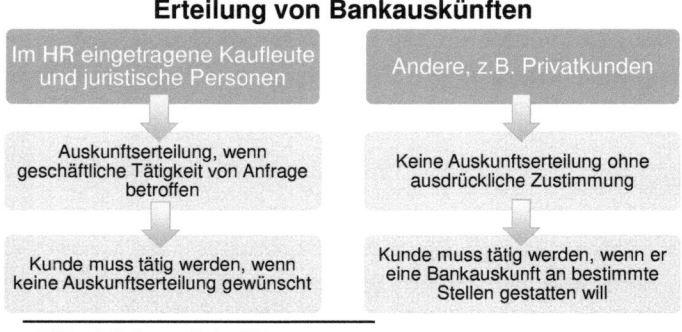

Abbildung 2: Erteilung von Bankauskünften
Quelle: Eigene Darstellung in Anlehnung an AGB-Banken, Nr. 2 Abs. 2 bis 4.

Abschließend lässt sich in diesem Zusammenhang feststellen, dass sensible Daten der Kundschaft im Bereich der Bankauskünfte umfänglich geschützt sind. Es werden lediglich allgemein gehaltene Feststellungen an Dritte übermittelt. Außerdem wird der nicht-Kaufmann dadurch besonders geschützt, dass er der Datenweitergabe ausdrücklich und im Zweifel auf den Einzelfall bezogen im Vorhinein zustimmen muss. In der Praxis können sich nur dann Probleme ergeben, wenn die einem Dritten zur Verfügung gestellten wagen Informationen zu Zahlungsfähigkeit und Kreditwürdigkeit auf Grund ihres niedrigen Aussagegehaltes falsch interpretiert werden.

4. Automatisierter Abruf von Kontoinformationen nach § 24c KWG

Im Zuge der Terrorismusbekämpfung ist mit dem 4. Finanzmarktförderungsgesetz aus dem Juni 2002 § 24c in das Kreditwesengesetz (KWG[28]) eingefügt worden. Hiermit wird ein automatisierter Abruf von Kontoinformationen durch die Bundesanstalt für Finanzdienstleistungsaufsicht (BaFin) möglich. Das neue Verfahren soll vor allem illegale Schattenbankgeschäfte und die Geldwäsche aufdecken und unterbinden helfen.[29] Allerdings ist zu beachten, dass von einem solchen zentralisierten Abrufverfahren auch die höchst sensiblen Daten nicht mit

---

[28] Kreditwesengesetz in der Fassung der Bekanntmachung vom 9. September 1998 (BGBl. I S. 2776), das zuletzt durch Artikel 1 des Gesetzes vom 21. Juli 2010 (BGBl. I S. 950) geändert worden ist.
[29] Vgl. *Stein* in **Boos/Fischer et al.**, Kreditwesengesetz, § 24c Rn. 1.

dem internationalen Terrorismus in Verbindung stehender Bürger betroffen sind. Wohl aus diesem Grunde sind an die Durchführung des Verfahrens hohe gesetzliche und praktische Hürden gekoppelt worden.

Alle Kreditinstitute werden durch die Norm verpflichtet eine gesonderte Datei zu führen, aus der die BaFin jederzeit in einem von ihr bestimmten Verfahren[30] Daten automatisch abrufen kann. Dabei werden sowieso schon bei kontoführenden Instituten vorhandene Informationen, z.B. Kontonummern und Tag der Einrichtung des Kontos, in einer neuen Datei zusammenge-fasst. Nicht erfasst werden dagegen konkrete Angaben zu Kontoständen und Kontobewe-gungen.[31] Ferner sind die Kreditinstitute verpflichtet aus technischer und organisatorischer Sicht sicherzustellen, dass ihnen nicht einmal die Tatsache eines Abrufes selbst zur Kennt-nis gelangt.[32] Hieraus lässt sich ableiten, dass auch bspw. die Art der Informationen, die ab-gerufen werden, den Kreditinstituten selbst nicht bekannt werden dar.

§ 24c Abs. 2 KWG ermächtigt die die Bundesanstalt für Finanzdienstleistungsaufsicht zum Abruf der Daten nur dann, wenn „dies zur Erfüllung ihrer aufsichtlichen (sic!) Aufgaben [...]"[33] nach Kreditwesengesetz, Geldwäschegesetz oder im Hinblick auf das Gesetz über das Auf-spüren von Gewinnen aus schweren Straftaten erforderlich ist. Ferner muss eine besondere Eilbedürftigkeit im Einzelfall vorliegen. Zur Datei selbst ist in Bezug auf Datenschutz weiter anzumerken, dass Informationen über Konten und Depots erst drei Jahre nach deren Auflö-sung zu löschen sind. Gleiches gilt für geänderte Datensätze.[34] Als problematisch kann der Umstand beurteilt werden, dass nach Abs. 3 auch eine Ermächtigung und Verpflichtung be-steht weitere öffentliche Stellen auf ein Auskunftsersuchen hin mit Informationen aus der Sammeldatei zu versorgen. Dabei ist zu beachten, dass „die Verantwortung für die Zulässig-keit der Übermittlung die ersuchende Stelle [...]"[35] trägt und die BaFin nur im Einzelfall über-haupt erst die Berechtigung zur Datenabfrage prüft. Somit haben de facto viele Institutionen Zugriff auf sensibles Datenmaterial. An jeder Schnittstelle kann es zu Datenlecks oder sog. Datenpannen kommen. Inwiefern der Schutz der Daten des einzelnen Kunden vor diesem Hintergrund allein technisch gewährleistet sein soll, ist auf Grund der gewollten Intranspa-renz des Systems nicht abzuschätzen.

Abschließend muss kritisch geäußert werden, dass das beschriebene, anonymisiertes Ver-fahren zum Datenabruf evtl. auch das Entstehen sog. Datenlecks begünstigen könnte. Frag-lich bleibt an dieser Stelle wie sichergestellt werden soll, dass nicht andere Stellen als die BaFin Kundendaten – unrechtmäßig – beziehen, wenn das Protokoll über Zugriffe auf die Sammeldatei nur bei der BaFin selbst geführt werden darf. Obwohl § 24c Abs. 4 bis 6 KWG

---

[30] Vgl. § 24c Abs. 1 Satz 5 KWG.
[31] **Bundesbeauftragter für den Datenschutz und die Informationsfreiheit**, Kontenabrufverfahren – Staatliche Überwachung von privaten Konten, o.S., Internetquelle.
[32] Vgl. § 24c Abs. 1 Satz 6 KWG.
[33] § 24c Abs. 2 KWG.
[34] Vgl. **Stein** in **Boos/Fischer et al.**, Kreditwesengesetz, § 24c Rn. 2.
[35] **Stein** in **Boos/Fischer et al.**, Kreditwesengesetz, § 24c Rn. 10.

ein hohes Datenschutzniveau und eine maximale Datensicherheit gewährleisten sollen, muss zumindest darauf hingewiesen werden, dass keine Regelung[36] zur Überprüfung des Kontenabrufverfahrens durch eine unabhängige Instanz existiert. Ferner ist aus Sicht der Kreditinstitute kritisch zu beurteilen, dass sie neben den administrativen Neuaufwendungen auch alle Kosten zum Aufbau und Unterhalt des Kontenabrufsystems zu tragen haben. Manche Autoren vermuten hierin sogar einen Verstoß gegen Art. 12 Abs. 1 und Art. 14 Abs. 1 Grundgesetz.[37]

5. Datenübermittlung an Auskunfteien

Am 01.04.2010 trat § 28a BDSG in Kraft. Diese Norm beschäftigt sich im Grundsatz mit der zulässigen Übermittlung „personenbezogener Daten über eine Forderung an Auskunfteien [...]"[38]. Somit haben nun spezielle Erlaubnistatbestände Einzug in das Gesetz gehalten und einer gesonderten Einwilligung des Kunden zur Datenübermittlung an Wirtschaftsauskunfteien, bspw. im Rahmen der sog. SCHUFA-Klausel, bedarf es insoweit nicht mehr.[39] Trotzdem existiert die vorgenannte Klausel z.b. in Girokontoeröffnungsanträgen weiter und bildet auch aus Gründen der Transparenz für den Kunden die neue gesetzliche Regelungen lediglich ab. Dabei schafft § 28a Abs. 1 und 2 BDSG spezielle Regelungen für die Datenübermittlung an Auskunfteien. Es werden damit einheitliche Voraussetzungen für dieses Meldefahren bzgl. Forderungen, für die die geschuldete Leistung trotz Fälligkeit nicht erbracht wurde, geschaffen.[40] Ferner ist in Abs. 2 ein Erlaubnistatbestand implementiert, der die Übermittlung personenbezogener Daten im Rahmen eines Vertrages des Bankgeschäftes zulässt. Dieser Vertrag muss den Bereichen des § 1 Abs. 1 Satz 2 Nr. 2, Nr.8 und Nr. 9 KWG zugerechnet werden können, also dem Kreditgeschäft, dem Garantiegeschäft oder dem Girogeschäft zuzuordnen sein.

Die Voraussetzungen für eine Eilmeldung gem. § 28a Abs. 1 BDSG sind nun klar geregelt. Daten über Forderungen dürfen an Auskunfteien unter bestimmten kumulativ zu erfüllenden Voraussetzungen übermittelt werden. Zu allererst muss die Meldung erforderlich sein, um die berechtigten Interessen der meldenden Stelle oder eines Dritten zu wahren. Bei bspw. fällig gestellten oder sogar in der Abwicklung befindlichen Krediten dürfte dieses Merkmal erfüllt sein. Andere Kreditinstitute müssen darüber informiert sein bzw. die Möglichkeit besitzen sich über die mangelnde Zahlungsfähigkeit der Kundschaft zu informieren, um ihre Interessen zu wahren. Eine früher vorzunehmende Abwägung der vorgenannten Interessen der

---

[36] Vgl. **Stein** in **Boos/Fischer et al.**, Kreditwesengesetz, § 24c Rn. 12.
[37] Vgl. **Hoffmann**, Entschädigungslose Inanspruchnahme der Kreditinstitute für das Kontenabrufverfahren, WM 2010, 193 (201).
[38] § 28a Abs. 1 BDSG.
[39] Vgl. **Pauly/Ritzer**, Herausforderungen für die Finanzbranche, WM 2010, 8 (11).
[40] Vgl. **Pauly/Ritzer**, Herausforderungen für die Finanzbranche, WM 2010, 8 (11).

Kreditinstitute mit den schutzwürdigen Interessen der Betroffenen wurde durch klar formulierte und verständliche Fallgruppen ersetzt.[41]

Eine Meldung in das System ist danach möglich, wenn der Betroffene trotz des Wissens um das Bestehen der Forderung und nach berechtigter Geltendmachung durch das Kreditinstitut von einem Forderungsausgleich absieht. Diese Fälle betreffen also die ausdrückliche Anerkenntnis von Forderungen, die Erwirkung eines (auch vorläufig) vollstreckbaren Titels oder eine nach insolvenzrechtlichen Voraussetzungen festgestellte Forderung.[42] Ferner besteht die Möglichkeit Forderungen nach Eintritt der Fälligkeit zu melden, wenn mindestens zweimal schriftlich gemahnt wurde.[43] Außerdem muss zwischen beiden Mahnungen ein mindestens vierwöchiger Zeitraum liegen, um z.B. die verspätete Zahlung auf Grund von Unkenntnis des Schuldners von der Fälligkeit nicht schon meldefähig werden zu lassen. Weiterhin muss das Kreditinstitut den Schuldner über die bevorstehende Meldung in Kenntnis setzen. Als letzte Voraussetzung ist normiert, dass der Schuldner die Forderung nicht bestritten haben darf. Für Banken könnte sich hier das Problem ergeben, dass Schuldner in Kenntnis dieser Regelung eine Forderung bei Fälligkeit und nach der ersten Mahnung bestreiten wird, um Zeit zu gewinnen und Details über sein Zahlungsverhalten so aus den Datensätzen der Auskunfteien herauszuhalten. Sicherlich hat der Gesetzgeber aber an dieser Stelle auch hohe Hürden schaffen wollen, um den unsachgemäßen Umgang mit verfrühten Eilmeldungen durch Kreditinstitute oder andere Institutionen des Wirtschaftslebens zu unterbinden. Die letzte Möglichkeit für eine Eilmeldung ergibt sich, wenn auf Grund von Zahlungsrückständen das Vertragsverhältnis, auf dem die Forderung basiert, sowieso fristlos gekündigt werden könnte.[44] Auch hier muss der Betroffene vor der Übermittlung seiner Daten an Auskunfteien in Kenntnis gesetzt werden.

[41] Vgl. **Pauly/Ritzer**, Herausforderungen für die Finanzbranche, WM 2010, 8 (11).
[42] Vgl. § 28a Abs. 1 Nr. 1-3.
[43] Vgl. § 28a Abs. 1 Nr. 4.
[44] Vgl. § 28a Abs. 1 Nr. 5.

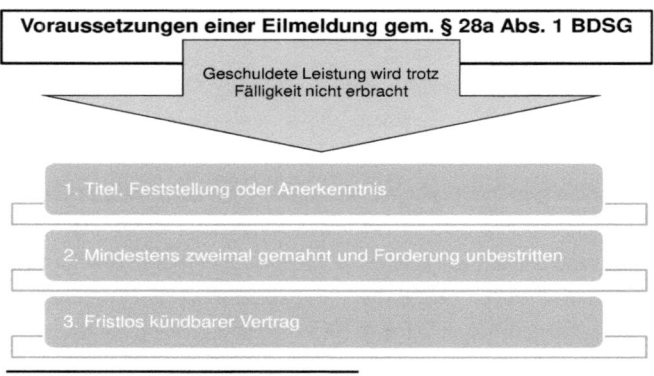

Abbildung 3: Systematik des § 28a Abs. 1 BDSG
Quelle: Eigene Darstellung in Anlehnung an *Pauly/Ritzer*, Herausforderungen für die Finanzbranche, WM 2010, 8 (11).

§ 28a Abs. 2 BDSG beschäftigt sich mit der Übermittlung personenbezogener Daten im Rahmen von Bankgeschäften. Hiernach ist der Transfer aller das Vertragsverhältnis darstellenden Daten an Auskunfteien grundsätzlich erlaubt. Hierzu zählen Details zur Begründung, Durchführung und Beendigung des Vertrages. Persönliche Daten wie bspw. Einkommensangaben, die der Herstellung der Markttransparenz und damit der genaueren Kenntnis des Kreditinstitutes von den persönlichen Verhältnissen des Kunden dienen, dürfen nicht übermittelt werden.[45] Die gemeldeten Informationen dürfen dabei nicht dem schutzwürdigen Interesse des Betroffenen zuwider laufen. Sollte z.B. ein Stalking-Opfer seit Jahren seine Adressdaten aus Gründen des Selbstschutzes verheimlichen, so ist zumindest fraglich, ob hier eine Datenübermittlung durch Kreditinstitute legalisiert wäre. Bei reinen Guthabenkonten dürfen dagegen ausdrücklich keine Daten an Auskunfteien übermittelt werden.[46] Dieselbe Rechtsfolge ergibt sich bei einer reinen Anfrage nach Kreditkonditionen.

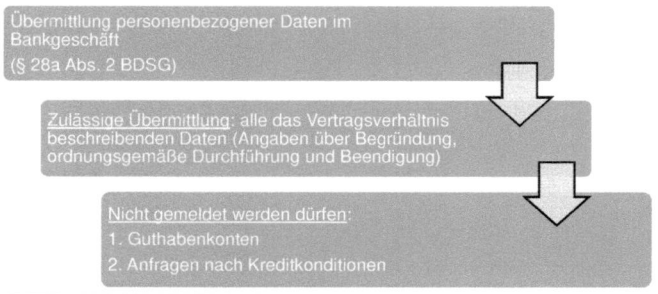

Abbildung 4: Systematik des § 28a Abs. 2 BDSG
Quelle: Eigene Darstellung in Anlehnung an *Pauly/Ritzer*, Herausforderungen für die Finanzbranche, WM 2010, 8 (11).

---

[45] Vgl. § 28a Abs. 2 Satz 4.
[46] Vgl. § 28a Abs. 2 Satz 3 BDSG.

6. Das Bundesdatenschutzgesetz in Banken

Tagtäglich werden Millionen Daten in verschiedenen Datensätzen bei deutschen Kreditinstituten verarbeitet. Unter dem Begriff Verarbeitung ist dabei das „Speichern, Verändern, Übermitteln, Sperren und Löschen personenbezogener Daten"[47] zu verstehen. Bei jedem dieser Vorgänge ist zu beachten, dass die „Erhebung, Verarbeitung und Nutzung personenbezogener Daten"[48] nur dann zulässig ist, wenn das Bundesdatenschutzgesetz oder eine andere Rechtsvorschrift hierzu eine Ermächtigung vorsehen. Darüber hinaus könnte der Betroffene selbst in das Verfahren einwilligen. Diese Einwilligung entfaltet aber nur Wirksamkeit, wenn sie auf der freien Entscheidung des Betroffenen beruht.[49] Staatlich reglementiert, koordiniert und überwacht wird das aktuelle Datenschutzniveau dabei durch Aufsichtsbehörden, die nach § 38 Abs. 6 BDSG von den Bundesländern bestimmt werden. Hierbei sind verschiedene Stellen zur Aufsichtsbehörde für den nicht-öffentlichen Bereich bestimmt worden, namentlich bspw. Innenministerien (Baden-Württemberg, Brandenburg), Landesdatenschutzbeauftragte (Berlin, Bremen, Hamburg) oder eine bestimmte Bezirksregierung (Bayern).[50]

Eine Ermächtigung für die Verarbeitung von Kundendaten durch Kreditinstitute bildet § 28 Abs. 1 BDSG. Danach ist die Verarbeitung, Erhebung und Nutzung personenbezogener Daten immer dann zulässig, wenn es der Vertragsdurchführung mit dem Kunden (Nr. 1) bzw. der Wahrung berechtigter Interessen der Bank dient (Nr. 2) oder die Daten sowieso schon allgemein zugänglich sind (Nr. 3). Dabei ist das Tatbestandsmerkmal der Zweckbindung aus einem Vertragsverhältnis vorrangig zu betrachten, wenn Vorgänge der Datenverarbeitung beurteilt werden sollen. Die anderen Alternativen der zulässigen Datenverarbeitung haben zwar einen selbstständigen Charakter, sind bei Bestehen eines Vertragsverhältnisses aber eng auszulegen. Außerdem besteht dieses immer nur soweit, wie der Auftrag des Kunden lautet.[51] Dabei ist zu auch beachten, dass sich aus einer längeren Geschäftsverbindung, die auf Giro- und Darlehensverträgen aufbaut, noch nicht ein eigenständiger und umfassender Bankvertrag als Rahmenvertrag ergibt[52], der in diesem Zusammenhang als Grundlage für eine umfassende Datenverarbeitung herangezogen werden könnte.

6.1 Nutzung von Kundendaten zu Werbezwecken

Die Verwendung gespeicherter Kundendaten liegt nicht nur im Hinblick auf die Durchführung bankspezifischer Verträge im Interesse der deutschen Kreditinstitute. Kunden sind durch verschiedene technische Einrichtungen zum einfachen Preisvergleich und der weitgehenden

---

[47] § 3 Abs. 4 Satz 1 BDSG.
[48] § 4 Abs. 1 BDSG.
[49] Vgl. **Rudolf/Kötterheinrich** in: **Derleder/Knops et al.**, Bankrecht, § 5 Rn. 2.
[50] Vgl. **Der Landesbeauftragte für den Datenschutz Baden-Württemberg**, Die Aufsichtsbehörden der Länder, o.S., Internetquelle.
[51] Vgl. **Rudolf/Kötterheinrich** in: **Derleder/Knops et al.**, Bankrecht, § 5 Rn. 2 (m w.N.).
[52] Vgl. BGH v. 24. 9. 2002 - XI ZR 345/01, NJW 2002, 3695 (3696).

Einsicht über die Homogenität der angebotenen Bankleistungen heute wechselwilliger denn je. Um Kunden an ein Kreditinstitut zu binden mag es daher von großer Relevanz sein speziell auf jedes Individuum Werbemaßnahmen zu entwickeln. Diese lassen sich aus dem vorhandenen Datenmaterial und der damit verbundenen intimen Kenntnis über den Lebenswandel vieler Kunden ableiten. Fraglich ist dabei, ob eine solche gezielte Verarbeitung der Daten und mögliche gezielte Kundenansprache im Sinne des hohen Datenschutzniveaus in Deutschland gewünscht ist.

In § 28 Abs. 3 BDSG sind verschiedene Fälle der Nutzung von Kundendaten für eigene Zwecke der Kreditinstitute normiert. Einmal ist dort das sog. Listenprivileg verankert, welches sich auf die listenmäßig zusammengefassten Daten einer bestimmten Personengruppe bezieht. Zum anderen ist i.V.m. § 28 Abs. 3a BDSG ein Verfahren verankert, welches die Zulässigkeit der Verarbeitung und Speicherung von Daten eines jeden Individuums für Werbezwecke regelt.

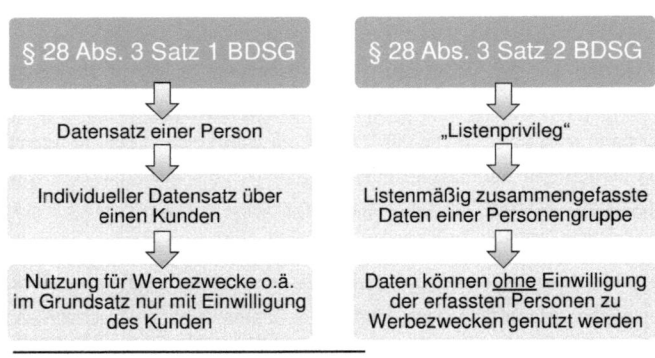

Abbildung 5: Die Nutzung von Kundendaten zu Werbezwecken
Quelle: Eigene Darstellung nach § 28 Abs. 3 BDSG.

Eine zweckgebundene Nutzung von Kundendaten in Hinblick auf Werbemaßnahmen auf Basis des § 28 Abs. 1 Satz 2 BDSG ist dagegen zum Scheitern verurteilt. Diese Norm erlaubt nur die Verwendung der Informationen zur Führung bspw. eines Girokontos. Eine automatische Nutzungserlaubnis für Werbezwecke ist dagegen weder implementiert noch beabsichtigt.[53] An dieser Stelle setzt also § 28 Abs. 3 BDSG an. Die Verarbeitung oder Nutzung personenbezogener Daten für Zwecke des Adresshandels oder der Werbung ist nach § 28 Abs. 3 Satz 1 BDSG zulässig, wenn der Betroffene dieser Datenverarbeitung z.B. auf einem speziellen Formular zustimmt.

Interessanter für Banken, da mit weniger Verwaltungsaufwand verbunden, gestaltet sich sicherlich die Nutzung des sog. Listenprivilegs aus § 28 Abs. 3 Satz 2 BDSG. Dieses erlaubt

---

[53] Vgl. *Pauly/Ritzer*, Herausforderungen für die Finanzbranche, WM 2010, 8 (9).

„unter bestimmten Voraussetzungen weiterhin die Verarbeitung und Nutzung von Daten einer bestimmten Personengruppe, die listenmäßig oder sonst zusammengefasst sind."[54] Hierbei werden vier zulässige Fallgruppen unterschieden, wobei nicht alle Alternativen für Kreditinstitute von Belang sind. Legalisiert sind in diesem Zusammenhang die Werbung für eigene Angebote (§ 28 Abs. 3 Satz 2 Nr. 1 BSDG), die Werbung im Hinblick auf die berufliche Tätigkeit des Betroffenen (§ 28 Abs. 3 Satz 2 Nr. 2 BSDG), Werbung für steuerbegünstigte Spenden (§ 28 Abs. 3 Satz 2 Nr. 3 BSDG) und die generellen Zwecke der Werbung, also die Datenübermittlung für fremde Angebote, der sog. Adresshandel (§ 28 Abs. 3 Satz 4 BSDG).

Um Cross-Selling erfolgreich betreiben zu können, müssen Kunden von der breiten Produktpalette der Hausbank informiert werden. Idealerweise wird dabei jedem Kunden dasjenige Produkt angedient, welches in seiner momentanen Lebenssituation am besten zu ihm passt. Sei es also bspw. die Hausfinanzierung mit Bausparanteilen für junge Familien, oder die Ausbildungsversicherung für das Neugeborene. § 28 Abs. 3 Satz 2 Nr. 1 BDSG ermöglicht die Nutzung aller durch Kreditinstitute gesammelten Informationen über den Kunden zur Werbung für eigene Angebote. Auch sog. Beipackwerbung, also bspw. das Beilegen von Broschüren der Verbundpartner eines Kreditinstitutes, ist nach § 28 Abs. 3 Satz 5 BDSG erlaubt, allerdings müsse für den Betroffenen die für die Nutzung der Daten verantwortliche Stelle aus der Werbesendung eindeutig erkennbar sein.[55] Die Einwilligung der Kundschaft zu dieser Nutzung ist nicht nötig. Die gesetzgeberische Begründung dazu lässt verlauten, dass der Betroffene Kunde die für die Werbung verantwortliche Stelle kenne und deshalb mit der Zusendung von Werbematerialien im Interesse der Fortführung der Geschäftsbeziehung rechnen könne bzw. müsse.[56] Ferner bleibt dem Kunden immer noch die Möglichkeit der Nutzung ausdrücklich zu widersprechen gem. § 28 Abs. 4 BDSG, bspw. nach dem Erhalt der ersten Werbebroschüre innerhalb einer neuen Kundenbeziehung. Für Kreditinstitute wichtig und zu beachten ist, dass die gesammelten Kundeninformationen entweder aus einem Datensatz stammen müssen, der zur Vertragsdurchführung erstellt wurde. Andererseits dürfen die Informationen für die werbliche Ansprache aber auch öffentlichen Verzeichnissen entnommen sein. Lediglich eine Kombination beider Informationsbeschaffungswege ist untersagt.[57] Bei einer Änderung der Kunden-Adressdaten darf das Kreditinstitut somit nicht die hauseigene, veraltete Datenbank durch einen Zugriff auf ein öffentliches Telefonbuch ergänzen. Zur Sicherstellung einer hohen Aktualität der Datensätze müssen somit in der Praxis regelmäßige Kundenansprachen, ob persönlich oder per direct mailing, erfolgen. Diese bieten natürlich ebenfalls Vertriebsansätze.

---

[54] **Pauly/Ritzer**, Herausforderungen für die Finanzbranche, WM 2010, 8 (9).
[55] **Pauly/Ritzer**, Herausforderungen für die Finanzbranche, WM 2010, 8 (9).
[56] Vgl. BT-Drucksache 16/12011, S. 31.
[57] Vgl. **Pauly/Ritzer**, Herausforderungen für die Finanzbranche, WM 2010, 8 (9).

Höchst interessant ist auch die Regelung des § 28 Abs. 3 Satz 2 Nr. 2 BDSG für Kreditinstitute, die gezielt bestimmte Kundengruppen ansprechen möchten. Der Gesetzgeber verzichtet darauf Unternehmern und Freiberuflern dasselbe datenschutzrechtliche Niveau wie anderen Bankkunden zuzugestehen. Dem Wortlaut des Gesetzes folgend ist die für die Datenverarbeitung verantwortliche Stelle hier nicht verpflichtet sich auf die Werbung für eigene Angebote zu beschränken. Außerdem ist die listenmäßige Verwendung der Daten nicht beschränkt, d.h. verschiedene Herkunftsquellen für die Daten sind miteinander kombinierbar und ergeben somit einen mit hoher Aktualität versehenen Datensatz für jeden Kunden aus dem Bereich der Unternehmer und Freiberufler. Ferner ist die gezielte Ansprache von bspw. kleineren Handwerksbetrieben auf Produkte zur Finanzierung des Mittelstandes somit einfacher möglich. Anders als bei der sowieso legalisierten Beipackwerbung, die keine gezielte Ansprache eines Kunden ermöglicht, eröffnen sich hiermit bessere, weil individueller gestaltbare Ansprache-Möglichkeiten durch die Banken.

§ 28 Abs. 3 Satz 4 BDSG ermöglicht es Kreditinstituten sogar Adressen von potentiellen Kunden über sog. Adresshändler zu erwerben.[58] Hiermit lassen sich noch effektiver zielgruppenorientiert neue Kundenkreise erschließen. Im Gegensatz zu den vorgenannten Möglichkeiten des Bundesdatenschutzgesetzes eröffnet diese Norm also nicht die Gelegenheit Bestandskunden über verschiedene Wege anzusprechen. Vielmehr können auf diesem Wege potentielle Neukunden effektiv und kostengünstig mit hauseigenen Angeboten versorgt und bspw. zum Besuch einer Filiale animiert werden.

Abschließend lässt sich somit feststellen, dass Kreditinstituten durch § 28 Abs. 3 BDSG mehrere Möglichkeiten zur Kundenansprache und zum Direktmarketing gegeben werden. Kritisch zu betrachten ist dabei, dass die persönlichen Daten der Kundschaft zu diesen Zwecken teils durch mehrere Hände gereicht werden. Verschiedene Adresshändler und Datenbankführer haben Zugriff auf persönliche Informationen und sind willens diese einer kaufkräftigen Kundschaft anzudienen. Für den einzelnen Bankkunden stellt sich sicherlich an dieser Stelle die Frage nach der gläsernen Persönlichkeit, auch wenn sicherlich Widerspruchsmöglichkeiten bzgl. der Verarbeitung der eigenen Daten durch Dritte gegeben sind.

---

[58] Vgl. *Pauly/Ritzer*, Herausforderungen für die Finanzbranche, WM 2010, 8 (10).

Listenprivileg

§ 28 Abs. 3 Satz 2 Nr. 1 BDSG	§ 28 Abs. 3 Satz 2 Nr. 1 BDSG	§ 28 Abs. 3 Satz 2 Nr. 1 BDSG	§ 28 Abs. 3 Satz 4
Werbung für eigene Angebote	Werbung im Hinblick auf die berufliche Tätigkeit	Werbung für steuerbegünstigte Spenden	„Adresshandel"
Keine Kombination aus verschiedenen Datenquellen möglich, um Datenbanken zu aktualisieren	Unternehmer und Freiberufler als weniger schutzwürdig eingestuft		Ankauf von Daten potentieller Neukunden möglich

Beschränkungen der Datennutzung
1. Widerspruch des Betroffenen bei der verarbeitenden Stelle
2. Nutzung nur für Zwecke, für die sie übermittelt wurden § 28 Abs. 3 Satz 7
3. kein entgegenstehendes schutzwürdiges Interesse des Betroffenen

Abbildung 6: Das Listenprivileg im Detail
Quelle: Eigene Darstellung nach § 28 Abs. 3 BDSG.

7. Das Geldwäschegesetz

Kreditinstituten wird wie schon zuvor erwähnt durch eine Reihe von Gesetzestexten die Pflicht auferlegt persönliche Daten von Kunden zu speichern und zu verarbeiten. Das Geldwäschegesetz (GWG[59]) fällt in diese Kategorie. Vor allem die aus den Sorgfaltspflichten der §§ 3 bis 6 GWG erwachsenden Dokumentations- und Aufbewahrungspflichten des § 8 GWG führen dazu, dass eine große Menge von Daten zentral gesammelt wird und damit durch bspw. Datenmissbrauch gefährdet ist. Dabei sind die Normen nach dem „know-your-customer-Prinzip"[60] verfasst und zielen explizit darauf ab die Aufnahme und die andauernde Geschäftsbeziehung zwischen Kunde und Bank nach gewissen Risikokriterien zu überwachen. Sämtliche nach dem GWG erhobenen Informationen über Vertragspartner, wirtschaftlich Berechtigte, Geschäftsbeziehungen und Transaktionen sind aufzuzeichnen und mindestens fünf Jahre lang aufzubewahren.[61]

Laut Geldwäschegesetz müssen Kreditinstitute Verfahren zur Feststellung der jeweiligen Kundenidentität implementieren. Weiter ist vorgegeben, dass Banken in der Lage sein müssen Informationen über den Zweck und die angestrebte Art der Geschäftsbeziehung mit Kunden standardisiert zu erfassen und zu speichern. Ferner ist die Abklärung eines möglicherweise existierenden wirtschaftlich Berechtigten von großer Bedeutung. „Wirtschaftlich Berechtigter [...] ist die natürliche Person, in deren Eigentum oder unter deren Kontrolle der Vertragspartner letztlich steht, oder die natürliche Person, auf deren Veranlassung eine

---

[59] Geldwäschegesetz vom 13. August 2008 (BGBl. I S. 1690), das zuletzt durch Artikel 4 Absatz 9 des Gesetzes vom 30. Juli 2009 (BGBl. I S. 2437) geändert worden ist.
[60] *Findeisen* in: **Derleder/Knops et al.**, Bankrecht, § 70 Rn. 14.
[61] Vgl. *Warius* in: *Herzog (Hrsg.)*, Geldwäschegesetz, § 8 Rn. 1.

Transaktion letztlich durchgeführt oder eine Geschäftsbeziehung letztlich begründet wird."[62] Durch die Institutionalisierung des wirtschaftlich Berechtigten soll demnach bspw. die Verschleierung von Zahlungsströmen durch den Einsatz sog. Strohmänner verhindert werden. Außerdem muss eine interne Überwachung der Geschäftsbeziehung auf geldwäscherelevante Vorgänge jederzeit möglich sein und ein solches Verfahren in der Praxis auch Anwendung finden.[63] All diese Auflagen lassen erahnen, dass auch durch die Regelungen des Geldwäschegesetzes große Datenbanken mit millionen Datensätzen entstehen. Im Fall des wirtschaftlich berechtigten werden der Bank evtl. sogar persönliche Informationen, wie Anschrift und Geburtsdatum, eines Nicht-Kunden bekannt. Natürlich muss auch für diese Informationen durch interne Verfahrens- und Anwendungsvorschriften sichergestellt sein, dass kein Dritter unberechtigt Zugriff erlangen kann. Eine Verwendung dieser auf Umwegen erhaltenen Adressdaten zu Zwecken der Neukundenakquise ist gem. § 28 Abs. 1 BDSG klar untersagt. Die Bank darf die Daten nur erheben, um ihre berechtigten Interessen zu schützen und die Auflagen des Geldwäschegesetzes zu erfüllen. Eine weitere Verwendung ist dagegen ausgeschlossen, denn für die Erfüllung des Erlaubnistatbestandes aus § 28 Abs. 1 Nr. 1 BDSG müsste ein Schuldverhältnis zwischen einem wirtschaftlich Berechtigtem und gleichzeitig nicht-Kunden und der Bank vorliegen, auf dessen Basis die Daten erhoben worden sind. Dieses ist in der vorgenannten Konstellation regelmäßig nicht der Fall.

8. SWIFT

Ein besonderes Datenschutzproblem in Zusammenhang mit Bankgeschäften wird in der Übermittlung von Finanzdaten an US-amerikanische Behörden gesehen. Das internationale Bankennetzwerk SWIFT (Society for Worldwide Interbank Financial Telecommunication) wird augenscheinlich seit Jahren bei der Abwicklung des internationalen Zahlungsverkehrs und der Übermittlung von Millionen Datensätzen durch Geheimdienste und das US-Finanzministerium überwacht.[64] Direkt nach den Terroranschlägen vom 11. September 2001 fragten diese Organisationen vermehrt Informationen bei der SWIFT ab. Erleichtert wurde ihnen dieses Vorgehen, da sich bis 2009 ein zentraler Server der Organisation in den USA befand und somit dem Zugriff durch staatliche Institutionen ausgeliefert war.[65] Nach dem Umzug des Servers in die Schweiz ist der direkte Zugriff durch US-Fahnder unmöglich geworden. Daher wurde das vieldiskutierte SWIFT-Abkommen zwischen der Europäischen

---

[62] § 1 Abs. 6 Satz 1 GWG.
[63] Vgl. **Findeisen** in: **Derleder/Knops et al.**, Bankrecht, § 70 Rn. 14.
[64] **Bundesbeauftragter für den Datenschutz und die Informationsfreiheit**, Übermittlung von Finanzdaten an US-Behörden, o. S., Internetquelle.
[65] Vgl. **o.V.**, Hintergründe zu SWIFT, o. S., Internetquelle.

Union und den USA geschlossen. Es handelt sich dabei um direkt in den Mitgliedsstaaten der EU anwendbares Recht.[66]

Informationsweitergaben über internationale Geldtransaktionen sorgen in großen Teilen der exportorientierten deutschen Wirtschaft deshalb für Unruhe, weil diese Datensätze zu Zwecken der Wirtschaftsspionage genutzt werden könnten. Die USA stehen somit im Verdacht durch staatliche Überwachungsorgane Daten zu sammeln, die den heimischen Unternehmen auf dem Weltmarkt Wettbewerbsvorteile bescheren könnten. Dieser Verdacht wird vor allem dadurch ausgelöst, dass das Abkommen selbst keinen Aufschluss darüber gibt, was mit den Datenpaketen, die an US-Behörden übertragen werden, geschehen soll oder wie diese zu behandeln sind.[67] Für alle anderen Bankkunden ergibt sich auch bei der neuesten Auflage des SWIFT-Abkommens die nicht näher bestimmbare Angst, dass persönliche Daten für andere als Zahlungsverkehrszwecke genutzt werden (zum Verfahren der Informationsbeschaffung durch US-Behörden vgl. Abbildung 7).

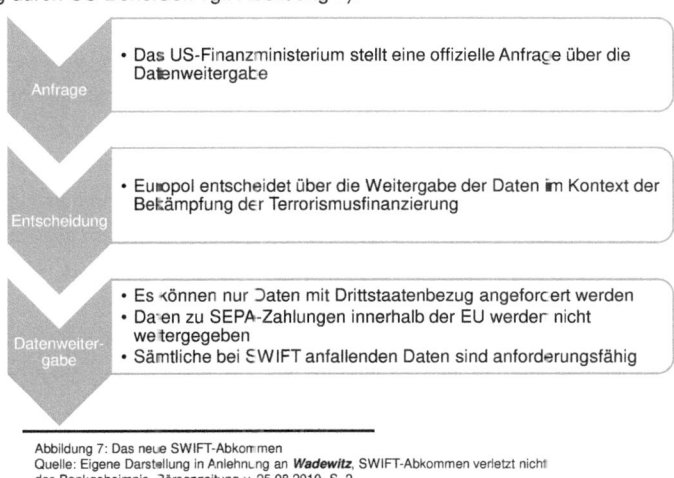

Abbildung 7: Das neue SWIFT-Abkommen
Quelle: Eigene Darstellung in Anlehnung an *Wadewitz*, SWIFT-Abkommen verletzt nicht das Bankgeheimnis, Börsenzeitung v. 25.08.2010, S. 2.

Kritisch zu betrachten ist vor allem, dass in einer vernetzten und internationalisierten Bankenwelt das deutsche Datenschutzniveau in anderen Ländern dieser Erde keine Anwendung findet. Sollte ein deutsches Kreditinstitut die Daten seiner Kunden vollumfänglich und nach den in dieser Hausarbeit diskutierten Verfahren und Gesetzen gegen den Zugriff Dritter schützen, so kann es trotzdem nicht sicher sein, dass die bei internationalen Geldtransfers übermittelten Informationen demselben Schutzniveau unterliegen. Die Krux ist also, dass nationalen Instituten durch ein solches Abkommen evtl. die Hoheit über die übermittelten Daten entzogen wird. Damit kann kein deutsches Geldhaus seinen Kunden eine einhundert

---

[66] Vgl. *Wadewitz*, SWIFT-Abkommen verletzt nicht das Bankgeheimnis, Börsenzeitung v. 25.08.2010, S. 2.
[67] Vgl. *o.V.*, Hintergründe zu SWIFT, o.S., Internetquelle.

prozentige Garantie geben, dass die sensiblen, persönlichen Daten der Kundschaft vollumfänglich geschützt sind. Bankgeheimnis und Datenschutzgesetze stehen der Informationsweitergabe nicht entgegen, da es sich beim SWIFT-Abkommen wie erwähnt um direkt anwendbares Recht der Europäischen Union handelt und damit eine gesetzliche Grundlage zur Datenweitergabe sowohl für Banken, als auch für SWIFT selbst, existiert.

9. Zusammenfassung

Die vorliegende Hausarbeit zeigt, dass Kreditinstitute heute über einen riesigen Fundus an verschiedenen, teils höchst sensiblen Daten verfügen. Der Schutz dieser persönlichen Informationen ist in den letzten Jahren vermehrt in die öffentliche Diskussion geraten. Diese zunehmende Sensibilität der Bevölkerung bzgl. der Verwendung der eigenen Daten für verschiedenste Zwecke ist positiv zu beurteilen. Nur so kann sichergestellt werden, dass Kreditinstitute auch aus Imagegründen ihre internen Verfahren und Abläufe ständig daraufhin überprüfen, ob ein angemessenes Datenschutzniveau gegeben ist.

Dem Großteil der Kundschaft von Kreditinstituten wird nicht bewusst sein, welche Arten sensibler Daten mitgeteilt werden. Dass aktuelle Kontostände nicht veröffentlicht werden dürfen, ist seit langem gesellschaftlicher Konsens. Die Zuordnung zur Kundengruppe der Selbstständigen allerdings hat für die Banken selbst eine hohe Bedeutung. Für Kunden dagegen spielt das Thema eine untergeordnete Rolle. Dabei sind es gerade diese Informationen, die Datensätze erst vervollkommnen und sie somit für Kreditinstitute wertvoll machen. Aus der Kombination verschiedenster Daten lassen sich also genaue Lebensprofile von Individuen zeichnen, die zu Zwecken des Cross-Selling genutzt werden können. Es muss Kunden selbst überlassen sein darüber nachzudenken, ob sie wirklich derart durchleuchtet werden wollen. Ob sie allerdings gegen die Datensammelwut vorgehen können, ist höchst fraglich. Viele Informationen müssen schon von Gesetzes wegen erhoben werden. Diese werden dann aus Bankensicht einer nützlichen Zweitverwendung zugeführt.

Deshalb ist in diesem Zusammenhang wichtig, dass die Kundendatensätze niemals an die Öffentlichkeit gelangen und zu keinen anderen als internen Zwecken verwandt werden. Es ist klar geworden, dass die verschiedenen Verfahren zur Datensammlung objektiv die Möglichkeit bieten, dass Dritte unberechtigt Zugriff erlangen könnten. Es ist also Aufgabe des Datenbankführers dafür zu sorgen, dass höchstmögliche Sicherheit gegeben ist. Datenpannen müssen streng geahndet werden. Allerdings ergibt sich hier das Problem, dass sich erst einmal in der digitalisierten Welt bekannt gewordene Informationen aus dem kollektiven Gedächtnis der Datenautobahnen schwerlich löschen lassen werden.

Neben dem Geldwäschegesetz mit den implementierten Identifizierungspflichten, weist auch das automatisierte Kontenabrufverfahren des Kreditwesengesetzes die Aufforderung zum Anlegen von Sammeldateien auf. Durch das SWIFT-Abkommen sehen sich eher international agierende deutsche Mittelständler gefährdet. Das BDSG dagegen wurde zum Schutz persönlicher Daten vor Missbrauch geschaffen – und wird diesem Zweck nicht immer gerecht. Diese Ausarbeitung zeigt, dass es durch die Erlaubnistatbestände des BDSG möglich ist die persönlichen Daten von millionen deutschen Bürgern sogar gegen Entgelt zu verkaufen. Die Novellierung des Gesetzes brachte hier keine entsprechende Verschärfung der Rechtslage. Für Kreditinstitute ist dieses allerdings von Vorteil, da so eine legalisierte Neukunden-Akquise betrieben werden könnte. Die Einschränkungen zur sog. Kaltakquise, die sich z.B. aus § 7 Abs. 2 Nr. 2 des Gesetzes gegen den unlauteren Wettbewerb (UWG[68]) ergeben, müssen hierbei aber beachtet werden.

Abschließend kann gefolgert werden, dass sich deutsche Bürger zweier Tatsachen bewusst sein müssen. Erstens ist ein modernes Leben ohne eine Bankverbindung nicht mehr möglich. Und zweitens teilt jeder Unterzeichner eines Kontoeröffnungsartrages eine Vielzahl an persönlichen Daten mit. Der Schutz dieser Daten liegt dann nicht mehr in der Hand der Betroffenen. Die oftmals angeführte Datensparsamkeit wird hier dagegen nicht zum Erfolg führen können, da viele Informationen schon kraft Gesetzes mitteilungspflichtig sind. Es muss also im Interesse jedes modernen Kreditinstitutes liegen ein hohes Datenschutzniveau zu gewährleisten, um das Vertrauen der Kundschaft dauerhaft zu sichern. Hierbei können sich die Geldhäuser nur beding: auf die Unterstützung der Politik verlassen, die erfahrungsgemäß mit dem Tempo der gesellschaftlichen Entwicklung und dem Fortschreiten des vernetzten Lebenswandels nicht mithalten kann. Die Branche muss also von sich aus aktiv werden und darüber nachdenken, wie die aktuell vorhandenen Datenbanken vor dem Zugriff Unberechtigter dauerhaft geschützt werden können.

---

[68] Gesetz gegen den unlauteren Wettbewerb in der Fassung der Bekanntmachung vom 3. März 2010 (BGBl. I S. 254).

Literatur- und Quellenverzeichnis

Boos, Karl-Heinz / Fischer, Reinfrid / Schulte-Mattler, Hermann (Hrsg.)	Kreditwesengesetz. (Kommentar zu KWG und Ausführungsvorschriften). 2. Auflage, München 2004. [Kreditwesengesetz]
Canaris, Claus-Wilhelm	Bankvertragsrecht. 3. Auflage, Berlin 1988. [Bankvertragsrecht]
Derleder, Peter / Knops, Kai-Oliver / Bamberger, Heinz Georg (Hrsg.)	Handbuch zum deutschen und europäischen Bankrecht. 2. Auflage, Berlin 2009. [Bankrecht]
Herzog, Felix (Hrsg.)	Geldwäschegesetz (GWG). (Kommentar zum Geldwäschegesetz). 1. Auflage München 2010. [Geldwäschegesetz]
Hoffmann, Daniel	Die verfassungsrechtliche Problematik der Inpflichtnahme Privater am Beispiel der entschädigungslosen Inanspruchnahme der Kreditinstitute für das Kontenabrufverfahren (§ 24c KWG, §§ 93, 93b AO). In: WM – Wertpapiermitteilungen, Zeitschrift für Wirtschafts- und Bankrecht 2010, S. 193-201. [Entschädigungslose Inanspruchnahme der Kreditinstitute für das Kontenabrufverfahren]
Keßler, Jürgen / Herzberg, Anja	Vertragliche Neben- und Schutzpflichten im Rahmen eines Darlehensvertrages. (Haftung des Kreditinstituts wegen Verletzung des Bankgeheimnisses im Fall einer Zession). In: BB 2009 – Betriebs Berater 2009, S. 1145-1148. [Vertragliche Neben- und Schutzpflichten beim Darlehensvertrag]
Nitsch, Karl Wolfhart	Bankrecht für Betriebswirte und Wirtschaftsjuristen. 2. Auflage, Bremen 2010. [Bankrecht für Betriebswirte und Wirtschaftsjuristen]
Pauly, Daniel A. / Ritzer, Christoph	Datenschutz-Novellen: Herausforderungen für die Finanzbranche. In: WM 2010 – Wertpapiermitteilungen, Zeitschrift für Wirtschafts- und Bankrecht 2010, S. 8-17. [Herausforderungen für die Finanzbranche]
Wadewitz, Sabine	Swift-Abkommen verletzt nicht das Bankgeheimnis. (Kunden haben keinen Anspruch auf Auskunft über Datentransfer bei ihrem Finanzdienstleister). In: Börsenzeitung vom 25.08.2010, S. 2. [SWIFT-Abkommen verletzt nicht das Bankgeheimnis]

Internetquellen

Bundesbeauftrager für
den Datenschutz und
die Informationsfreiheit

Kontenabrufverfahren – Staatliche Überwachung von privaten Konten.
http://www.bfdi.bund.de/cln_134/DE/Themen/WirtschaftUn
dFinanzen/Kredit-
undVersicherungswirt-
schaft/Artikel/KontenabrufverfahrenVonPrivatenKonten.ht
ml?nn=409796 [18.08.2010]
[Kontenabrufverfahren – Staatliche Überwachung von privaten Konten]

Bundesbeauftrager für
den Datenschutz und
die Informationsfreiheit

Übermittlung von Finanzdaten an US-Behörden (SWIFT).
http://www.bfdi.bund.de/cln_134/DE/Themen/WirtschaftUn
dFinanzen/Kredit-
undVersicherungswirt-
schaft/Artikel/EUAmtsblatt.html?nn=409796 [30.08.2010]
[Übermittlung von Finanzdaten an US-Behörden]

Der Landesbeauftragte
für den Datenschutz
Baden-Württemberg

Die Aufsichtsbehörden der Länder.
http://www.baden-
wuerttem-
berg.datenschutz.de/links/aufsichtsbehoerden.htm#MV
[24.08.2010]
[Die Aufsichtsbehörden der Länder]

o. V.

Santander Consumer Bank – Allgemeine Geschäftsbedingungen.
http://www.santanderconsumer.de/media/pdf/agb/agbs.pdf
[16.08.2010]
[AGB der Santander Consumer Bank 11/2009]

o.V.

SPIEGEL ONLINE. Prozess gegen Deutsche Bank. (Kirch
scheitert mit Zwei-Milliarden-Euro-Klage).
http://www.spiegel.de/wirtschaft/0,1518 616508,00.html
[16.08.2010]
[Kirch scheitert mit Klage]

o.V.

Hintergrund zum SWIFT-Abkommen. (Was passiert mit
ihren Daten).
http://www.tagesschau.de/ausland/swiftfragen100.html
[31.08.2010]
[Hintergründe zu SWIFT]

BEI GRIN MACHT SICH IHR WISSEN BEZAHLT

- Wir veröffentlichen Ihre Hausarbeit,
  Bachelor- und Masterarbeit

- Ihr eigenes eBook und Buch -
  weltweit in allen wichtigen Shops

- Verdienen Sie an jedem Verkauf

Jetzt bei www.GRIN.com hochladen
und kostenlos publizieren